Gedanken voller *Lebensfreude*

von Merle Berghoff

GROH

Glück ist kein Zufall. Glücklichsein ist eine Entscheidung. Wenn du dein Herz auf Empfang stellst und dem, was du dir wünschst und was du erreichen möchtest, aktiv entgegengehst, dann wirst du belohnt werden.

Das wahre Glück besteht darin,
sich frei entfalten zu können.

Théophile Gautier

Das Leben ist bezaubernd,
man muss es nur durch
die richtige Brille ansehen.

Alexandre Dumas d.J.

Think pink! Was könnte positivere Auswirkungen haben, als das Leben zwischendurch durch die rosarote Brille zu betrachten? An nette Menschen denken, an zufällige Begegnungen und Augenblicke, die oft so schön sind. Damit kannst du jedem Tag ganz leicht etwas Gutes abgewinnen.

Die Freuden des Lebens
müssen nie gesucht werden,
sondern gefunden und gesehen,
wo sie sich von selbst darbieten.
Richard Rothe

Die Fähigkeit zur Freude liegt in dir. Übe dich darin, jeden Tag, so oft es geht. Frühlingsduft in der Luft, das Lachen eines Kindes, ein Stück Schokolade, ein Kompliment – es gibt täglich so viele Gründe sich zu freuen. Je öfter du dich freuen kannst, desto erfüllter wird dein Leben.

Lichte Gedanken
bilden einen hellen Geist.

Christin Astra

Freude macht uns nicht zu Engeln,
aber sie verleiht uns Flügel.

Thomas Romanus

Es ist nicht so wichtig, was du tust. Wichtig ist, dass du es mit Freude tust. Wenn du einmal versuchst, die notwendigen Pflichten des Alltags ganz aufmerksam und mit Liebe zu tun, wirst du feststellen, wie sich deine Einstellung selbst zu den ungeliebten Tätigkeiten verändert.

Gibt es eine bessere Form mit dem Leben

fertig zu werden, als mit Liebe und Humor?

Charles Dickens

Jeden Tag derselbe Ablauf? Kleine Veränderungen sind jederzeit möglich und bringen Farbe ins Leben: An einem Sommermorgen früher aufstehen und ein Stück zu Fuß zur Arbeit gehen, mal wieder mit einem alten Freund Kontakt aufnehmen, nach Feierabend spontan ins Blaue fahren …

Vielfalt ist die Würze des Lebens.

Ernst von Wildenbruch

Der Mensch findet die größte Freude in dem, was er selbst neu findet oder hinzulernt.

Thomas von Aquin

Wenn du offen für Neues bleibst, kann dein Geist nie wirklich altern. Nicht stehen bleiben, sondern neue Interessen entdecken, das ist die Basis für ein erfülltes Leben und in jedem Alter möglich. Wer seinen Inspirationen folgt, für den wird das Leben zu einer spannenden Entdeckungsreise.

Gib deinen *Gedanken* Beine,
deinen Träumen Flügel
und deinem Herzen einen kleinen Stoß.

Silke Förster

Von was träumst du? Von einem Häuschen im Grünen? Von einem neuen Beruf? Male dir deine Träume immer wieder aus: bunt, farbenfroh, mit Liebe zum Detail. Je realistischer du dich in deiner neuen Rolle siehst, desto wahrscheinlicher wird es, dass du den Mut zu einem ersten Schritt findest.

Es ist nie zu spät, das zu werden,
was man hätte sein können.

George Eliot

Das größte Gut, das uns geschenkt ist, ist die Sehnsucht unserer Seele.

Novalis

Manche Träume bleiben Träume, mit denen du dir den Alltag verschönerst. Andere jedoch werden zu Lebenszielen. Folge deiner Sehnsucht und lasse diesen Traum Stück für Stück wahr werden. Fasse den Mut, Gewohntes hinter dir zu lassen und so deinem Lebensglück einen Schritt näher zu kommen.

Meine Gedanken sind die *Segel*,
die ich setzen muss,
um meinen Träumen entgegen zu reisen.

Dagmar C. Walter

Sagst du manchmal „Ja", wenn du eigentlich „Nein" sagen willst? Jemandem, der unsere Hilfe braucht, zur Seite zu stehen, kann viel Freude machen. Wenn wir uns allerdings immer wieder überrumpeln lassen, sollten wir auch das konsequente „Nein" üben und unser „Ja" aus vollem Herzen sagen.

Der Mensch soll Freude
an sich selbst haben,
und glücklich, wer sie hat.

Johann Wolfgang von Goethe

Der Mensch ist zur Gesellschaft
und zur Freude geboren.

Nikolai Karamsin

Ist Freude nicht viel schöner, wenn wir sie teilen? Auch wenn wir jemandem Freude schenken, fällt davon ein Stück auf uns zurück. Es bedarf keiner großen Taten: eine herzliche Umarmung, ein offenes Ohr, ein aufmunterndes Lächeln schenkt Freude – anderen und damit auch uns selbst.

Seine Freude in der Freude
des andern finden können,
das ist das Geheimnis
des Glücks.
Georges Bernanos

Am schönsten wäre es,

alles würde so klappen, wie wir es uns vorstellen.
Aber wo könntest du wachsen, wenn nicht
auch Schwierigkeiten deinen Weg kreuzten?
Wie könntest du dich entwickeln und reifen,
wenn nicht durch Erfahrungen? Wie könntest
du dir deiner Stärke bewusst werden, wenn nicht
durch das Überwinden von Hindernissen?

Lebenskunst ist,
Tränen in glitzernde Perlen
zu verwandeln.

Helga Schäferling

Wege entstehen dadurch,
dass man sie geht.

Franz Kafka

Wenn wir meinen, auf unserem Weg nicht voranzukommen, können uns positive Gedanken helfen, die Schritte mit Zuversicht und Optimismus zu gehen. Lenke deinen Blick auf das, was du bereits alles gemeistert hast. Das gibt dir wieder Energie und einen hoffnungsvollen Blick nach vorne.

Nicht die Dinge selbst, sondern nur unsere Vorstellungen

über die Dinge machen uns glücklich oder unglücklich.

Epiktet

„Das hab ich gut gemacht!"

Eigenlob gilt leider noch immer als unbescheiden. Doch warum solltest du nicht auch stolz auf deine Leistung sein? Warte nicht auf Komplimente und Anerkennung von außen. Schenke dir selbst ein Lob. Genieße die Freude über das, was dir gelungen ist.

Denn man ist glücklich, wenn man
mit sich selbst, seinem Herzen
und seinem Gewissen zufrieden ist.

August Strindberg

Ein Vergnügen erwarten
ist auch ein Vergnügen.

Gotthold Ephraim Lessing

Vorfreude ist eine starke Antriebskraft. Wenn du schöne Pläne für das Wochenende hast, dann macht dir der Stress viel weniger aus. Wenn du mit einem Freund zum Abendessen verabredet bist, dann geht dir die Arbeit viel leichter von der Hand. Sorge für etwas, auf das du dich freuen kannst.

Lass dich ein auf das Abenteuer „*Leben*“
und du wirst immer wieder überrascht
und beschenkt werden.

Lore-Lillian Boden

Füllt sich dein Terminkalender Woche für Woche scheinbar wie von Geisterhand? Dann wird es Zeit, Termine für dich selbst einzutragen. Zeit, in der du nichts tust, außer dich von deiner Spontaneität überraschen zu lassen: Bummeln gehen? Schmökern? Ins Kino? Hauptsache Spaß!

Arbeiten ist gut,
dazwischen ruhen ist besser,
zur Ruhe kommen das Beste.

Heinrich Hodel

Helle Gedanken und
ein heiteres Gemüt
machen schöne Tage.

Henry David Thoreau

Genieße, was das Heute dir bietet. Verschenke ein Lächeln und bekomme eines zurück. Gehe gut gelaunt in den Tag und dir kann so schnell nichts etwas anhaben. Nimm dir Zeit für dich und tu deiner Seele etwas Gutes. Nutze jede Gelegenheit zur Freude, dann eröffnet dir das Leben all seine Fülle.

Wohlfühlgedanken

In dieser Reihe ist außerdem erschienen:

GEDANKEN ZUM WOHLFÜHLEN
ISBN 978-3-86713-380-7

Über die Autorin:
Merle Berghoff, geboren 1976 in Bielefeld, arbeitet als Physiotherapeutin und Feng-Shui-Beraterin. Mit ihrem Mann, ihrer Tochter und zwei Hunden lebt sie in der Eifel. Kreativität spielt in ihrem Leben eine große Rolle: Sie fertigt kleine kunsthandwerkliche Gegenstände aus Naturmaterialien. Die Ideen dafür findet sie auf ihren Spaziergängen, für die sie sich jeden Tag Zeit nimmt.

Bildnachweis:
Titel, Rückseite, S. 39 : iStockphoto/Susan Fox; S. 3: istockphoto/Oscar Gutierrez, S. 5: iStockphoto/Nancy Nehring; S.6/7: iStockphoto/Andrew Penner; S. 9: Dan Duchars/Red Cover/Getty images; S. 11: iStockphoto/ Jan Bussan; S.12/13: iStockphoto/Jaap Hart; S.15: iStockphoto/Leon Buenventura; S.17: mauritius images/imagebroker/Peter Carroll; S.18/19: iStockphoto/Sara Winter; S. 21: iStockphoto/ChrisAt; S. 23: Jürgen Bohn; S. 24/25: iStockphoto/Ljupco; S. 27: iStockphoto/Marcelo Piotti; S. 29: iStockphoto/Kayfish; S. 30/31: iStockphoto/travelpixpro; S. 33: iStock-photo/Marian Pentek; S. 35: Liv Friis-larsen/fotolia; S. 36/37: iStock-photo/Imre Cikajlo; S. 41: iStockphoto/quavondo; S. 42/43: Shaun Egan/ The Image Bank/Getty images; S. 45: Inside-photo/H&L-Deryck Van Steen-deren/Getty images; S. 47: iStockphoto/Peter Polák; Ornamente: Dmitry Remesov/fotolia.

Textnachweis:
Wir danken den Autoren bzw. deren Erben, die uns freundlicherweise die Erlaubnis zum Abdruck von Texten erteilt haben, sowie dem Verlag Jakob Hegner, Köln, für den Text von Georges Bernanos aus: Die Freude von Georges Bernanos © J. P. Bachem Verlag GmbH, Köln.

Idee und Konzept:
Groh Verlag.

ISBN 978-3-86713-379-1

107017-4355-02

Ein Lächeln schenken

Geschenke sollen ein Lächeln auf Gesichter zaubern und die Welt für einen Moment zum Stehen bringen. Für diesen Augenblick entwickeln wir mit viel Liebe immer neue GROH-Geschenke, die berühren.

In ihrer großen Themenvielfalt und der besonderen Verbindung von Sprache und Bild bewahren sie etwas sehr Persönliches.

Den Menschen Freude zu bereiten und ein Lächeln zu schenken, das ist unser Ziel seit 1928.

Ihr

Joachim Groh

GROH